AF582196

STATUTS

ET ORDONNANCES DES *Maistresses Bouquetieres-Chapelieres en Fleurs de cette Ville & Faux-bourgs de Paris.*

ARTICLE PREMIER.

AUCUNE Fille ou Femme ne poura faire effet de Maîtresse Bouquetiere-Chapeliere en Fleurs en cette Ville & Faux-bourgs de Paris, qu'elle n'ait esté reçûë Maistresse dudit Métier, & pour y parvenir, ait fait Chef-d'œuvre de sa propre main, en la maniere accoûtumée de toute ancienneté; lequel Chef-d'œuvre sera baillé aux aspirantes par les Jurées dudit Metier, en presence de quatre anciennes Bachelieres seulement, lesquelles y seront appellées tour à tour par l'ordre du Tableau.

ARTICLE II.

NULLE fille ou femme ne poura parvenir à la Maistrise qu'elle n'ait fait son temps d'apprentissage chez l'une des Maistresses Bouquetieres pendant quatre années; & qu'aprés icelles expirées, elles n'ayent servy les Maistresses pendant deux ans; & seront les Brevets d'apprentissage passez pardevant Notaires en presence de deux Jurées, & deuëment enregistrez en la Chambre de l'un des Procureurs du Roy; & seront tenuës les Apprentisses, lors de la passation dudit Brevet, payer trois livres à la Boëste de la Confrarie, lesquels seront avancez par la Maistresse, qui en sera remboursée par son Apprentisse.

ARTICLE III.

LES Jurées avant que de donner Chef-d'œuvre aux aspirantes qui s'y presenteront pour estre reçûës, seront tenuës de s'enquerir de leur bonne vie & mœurs chez les Maistresses chez lesquelles elles auront fait leurs apprentissage, & elles auront servy en qualité de Compagnes; & selon le raport qui leur sera fait, pourront leur bailler Chef-d'œuvre, ou le refuser.

ARTICLE IV.

Les aspirantes feront leur Chef-d'œuvre de leurs propres mains, en presence des Jurées & des quatre anciennes Bachelieres; lesquelles aprés iceluy fait & parfait, en feront rapport, & conduiront l'aspirante pardevant l'un des Procureurs du Roy au Chastelet pour luy faire prester serment, & estre receuë par luy en la maniere accoustumée; Et seront toutes les Maîtresses averties pour venir voir le Chef d'œuvre, si bon leur semble, & assister à la prétation du Serment, mais sans aucuns frais.

ARTICLE V.

L'aspirante sera tenuë, lors de sa Reception, de metre dix livres à la Boëste de la Confrairie, payer soixante sols à chacune des Jurées, & trente sols à chacune Bacheliere, & les frais ordinaires de Justice; sans qu'il soit permis de luy faire payer aucuns autres frais, mesme quand ils seroient volontairement offerts, à peine d'amende & restitution du quadruple contre les Jurées, Bachelieres, & autres qui les auroient receus.

ARTICLE VI.

Les filles des Maîtresses pourront estre reçûës à la Maistrise sans faire Chef-d'œuvre ny experience, pourvû qu'elles ayent servy en qualité d'apprentisses chez leur mere, ou autres Maîtresses, pendant quatre ans, mettront seulement à la Boëste de la Confrairie trente sols & payeront demy-droit aux Jurées par forme de reconnoissance.

ARTICLE VII.

Celles qui voudront estre reçûës en vertu de Lettres, sans avoir fait apprentissage, mettront trente livres à la Boëste de la Confrairie, & seront reçûës en faisant legere experience, & payant les droits des Jurées.

ARTICLE VIII.

Aux seules Maîtresses Bouquetieres apartiendra le droit de faire exposer & vendre toutes sortes de Bouquets, Chapeaux, Couronnes, Guirlandes de fleurs; Et deffenses sont faites à toutes personnes qui ne seront point de ladite qualité, de faire ou vendre aucuns Bouquets, n'y d'en revendre ou colporter par les ruës & aux portes des Eglises, à peine de confiscation de leur Marchandise, & de cinq cens livres d'amande, applicable moitié au profit du Roy, & l'autre moitié au profit de la Communauté des Maîtresses Bouquetieres.

ARTICLE IX.

POURONT neanmoins, toutes sortes de personnes, vendre dans les Saisons des Bouquets de Violette, de Rozes & d'œillets ainsi que par le passé: avec deffences de les mêler d'aucunes autres fleurs, ny d'employer de la canetille pour les orner & attacher.

ARTICLE X.

NE pourront les Maîtres de la Communauté des Jardiniers, ny autres Jardiniers, venir étaler ny vendre leurs fleurs, soit qu'elles soient cueillies ou en pot, ou quaisse ou manequin, aux portes des Eglises, ny ailleurs, au devant des boutiques & places des Maîtresses Bouquetieres: ains seront tenus apporter vendre leurs fleurs ceuillies à la Halle tous les jours de la Semaine; & leurs fleurs qui sont en pot, en quaisse ou manequin, sur le Quay de la Megisserie, tous les Mercredys & Samedys seulement, en la maniere accoustumée.

ARTICLE XI.

AFIN que les fleurs conservent mieux leur fraischeur, les Jardiniers & autres Habitans des Faux-bourgs & Villages circonvoisins qui les apottent aux Halles, seront tenus de les y aporter de tres-grand matin, & les vendre aussi-tost, ou aux Bourgois, ou aux Maistresses Bouquetieres; & seront tenus avoir achevé leur vente de se retirer l'Esté à huit heures, & l'Hyver à neuf heures du matin: avec deffences à eux de vendre des fleurs aprés ledit temps passé, à peine de confiscation & d'amende.

ARTICLE XII.

LES Maîtresses Bouquetieres seront tenuës d'employer dans leurs Bouquets des fleurs fraisches & nouvellement ceüillies: leur deffendons d'employer de vieilles flétries; ny qui ayent esté sallées, à peine de confiscation & de dix livres d'amende, aplicable moitié au Roy, moitié à l'entretien du Service de la Confrairie.

ARTICLE XIII.

PAREILLES deffenses sont faites aux Maistresses Bouquetieres d'employer aucunes fleurs d'Accassia dans leurs Bouquets, ny de faire aucunes Couronnes ou Chapeaux de fleurs pour le jour de la Feste-Dieu & autres Festes, qu'ils ny mettent du vert dessous, sous les mesmes peines que dessus.

ARTICLE XIV.

AUCUNE Maistresse Bouquetiere ne poura avoir deux Apprentisses en mesme temps; & ains seront tenuës se contenter d'en avoir une seulement. Pourront neantmoins avoir avec ladite Apprentisse une ou plusieurs Compagnes pour leur aider à faire leur ouvrage; & les filles de Maistresses qu'elles feront travailler chez elles, ne leur tiendront point lieu d'une Apprentisse.

ARTICLE XV.

AUCUNE Maistresse Bouquetiere ne pourra donner à travailler à une Fille si elle n'est Maistresse, Apprentisse ou Compagne. Défendons à toutes les Maistresses de soustraire les Compagnes, qui sont loüées à une autre Maistresse, ny de leur bailler à travailler, que premierement elles n'en ayent demandé la permission à ladite Maîtresse, & ait sçû d'elle si elle est contente de ladite Compagne.

ARTICLE XVI.

DEFFENSES sont faites sous pareilles peines de dix livres d'amende, à toutes Maistresses dudit Mestier d'aller audevant des Jardinieres, & autres personnes, lors qu'ils apportent leurs fleurs aux Halles, ains seront tenuës les laisser venir pour estre venduës & lottie entr'elles.

ARTICLE XVII.

POUR la conservation dudit Mestier, il y aura à l'avenir, comme par le passé, quatre Jurées, dont deux seront éleuës tous les ans pardevant l'un des Procureurs du Roy au Chastelet, une femme, & l'autre fille, ainsi qu'il est accoustumé; lesquelles Jurées veilleront à empescher les entreprises qui se pourroient faire sur ledit Mestier, & feront les Visites chez les Maistresses au moins quatre fois l'année, & leur sera payé cinq sols pour chaque Visite: Pourront neantmoins en faire un plus grand nombre; mais ne seront payées du Droit, que pour quatre Visites pour chacun an.

ARTICLE XVIII.

DEFFENDONS à toutes personnes qui ne seront point Maîtresses du Mestier, de vendre des fleurs ou Bouquets aux portes des Eglises, au coin des ruës, ny d'en porter dans les maisons des Bourgeois, ny aux Regratieres & coureuses d'en colporter par les ruës: & aux Maistresses Bouquetieres d'en faire vendre par lesdites personnes sans qualité; le tout à peine de confiscation & d'amende, tant contre l'une que contre l'autre.

ARTICLE XIX.

SI aucune Maistresse, Apprentisse, ou Compagne du Mestier estoit convaincuë d'avoir fait faute en son honneur, elle perdroit son Privilege; & si elle estoit Maistresse, sa Boutique seroit fermée; elle ne pourroit plus s'entremettre du Mestier; & si elle estoit Apprentisse ou Compagne, elle seroit indigne de parvenir à la Maîtrise.

ARTICLE XX.

Les deux dernieres Jurées, pendant leur premiere année de Jurande prendront soin de tout ce qui concerne la Confrairie, laquelle ils continuëront d'entretenir en l'Eglise de Saint Leufroy, comme ils ont fait cy devant, & y feront dire le Service accoûtumé.

ARTICLE XXI.

La Communauté ne sera composée que de femmes & filles, & nul Garçon ne pourra parvenir à la Maistrise, ny s'entremettre audit Mestier, ny faire ou vendre des bouquets. Défendons à toutes les Maistresses de donner à travailler à aucuns Hommes, ny de faire vendre par eux leurs Bouquets. Signé, SAGOT.

Registré, oüy & ce consentant le Procureur Général d'iceluy, pour joüir par les impetrantes & celles qui leur succederont de leur effet & contenu, & estre executés selon leur forme & teneur, suivant l'Arrest de ce jour. A Paris, en Parlement le vingt-un Janvier mil six cens soixante-dix-huit. Signé JACQUES.

Registrez, ce consentant le Procureur du Roy, & suivant la Sentence renduë par Monsieur le Lieutenant General de Police, pour estre executés, au Registre de la Police, le quinze Fevrier mil six cens soixante-dix-huit. Signé, SAGOT.

Extrait des Registres de Parlement.

VEU par la Cour les Lettres Patentes du Roy, données à Versailles le vingt-un Aoust mil six cens soixante-dix sept, Signé, LOUIS: Et sur le Reply, Par le Roy, COLBERT; Et scellées en lacs de soye, du Grand Sceau de cire verte, obtenuës par les Jurées & Communauté des Maistresses Bouquetieres-Chapelieres en fleurs de cette Ville de Paris, par lesquelles pour les causes y contenuës, ledit Seigneur Roy auroit approuvé, confirmé, & omologué les Statuts & Ordonnances faites pour ladite Communauté; Veut & luy plaist, qu'ils soient executés de point en point.

ſelon leur forme & teneur, & ainſi que plus au long le contiennent leſdites Lettres à la Cour adreſſantes. Requeſte afin d'enregiſtrement d'icelle. Arreſt du deux Septembre dernier, par lequel avant proceder à l'enregiſtrement deſdites Lettres, auroit eſté ordonné qu'elles ſeroient avec leſdits Statuts communiquées au Lieutenant de Police, & aux Subſtituts du Procureur General du Roy aux Chaſtelets, pour donner ſur icelles leurs avis, ou y dire autrement ce que bon leur ſembleroit; pour ce fait rapporté & communiqué audit Procureur General, eſtre ordonné ce que de raiſon. L'avis donné en execution dudit Arreſt par ledit Lieutenant de Police & les Subſtituts aux Chaſtelets de Paris du dixiéme du preſent mois de Janvier: Leſdits Statuts & Reglemens: Concluſions du Procureur Géneral du Roy; oüy le Rapport de Maiſtre Eſtienne Pimon Conſeiller; Et tout conſideré. LADITE COUR a Ordonné & Ordonne, que leſdites Lettres & Statuts ſeront Enregiſtrez au Greffe, pour eſtre executez, & joüir par les Impetrantes, & celles qui leur ſuccederont en ladite Communauté, de l'effet & contenu en icelles, ſelon leur forme & teneur. FAIT en Parlement, le vingt-un Ianvier mil ſix cens ſoixante dix-huit. Collationné. Signé, JACQUES.

Ces preſents Statuts & Ordonnances ont eſté imprimés pour la premiere fois au mois de Mars 1678. pendant la Jurande de Marguerite Toulouza, Jeanne de la Mare, Marie Parmentier, Marguerite Prevoſt, Marie Simon, & Anne des Jardins; & Réimprimés pour une ſeconde fois au mois de Septembre 1698. pendant la Jurande de Jeanne Tendron, Madeleine Lorain, Marie Valet, & Marguerite-Charlotte Souché.

LETTRES PATENTES.

LOUIS par la grace de Dieu, Roy de France & de Navarre: A tous preſens & avenir; SALUT. Nos cheres & bien amées les Jurées & Anciennes Bachelieres de la Communauté des Maîtreſſes Bouquetieres Chapelieres en Fleurs de noſtre bonne Ville de Paris, nous ont fait remontrer qu'il y a tres long-temps que leur Art eſt étably dans ladite Ville de Paris en Communauté & Corps de Métier; qu'elles ont eu des Statuts tres-anciens, qui leur ont esté accordés par les Rois nos predecesseurs, qui contenoient plusieurs beaux droits & Privileges, pour la perfection & la conservation de leur Métier; Mais que par la suite des temps, & la negligence de celles qui les ont précédées dans les Charges de Jurande, les Originaux desdits Statuts se sont perdus & adhirés; & quelques diligences que les Exposantes ayent pû faire, elles n'ont pû les recouvrer; en telle sorte que bien que les Suppliantes conservent entr'elles les Regles de la discipline qu'elles sçavent avoir esté observée de tout temps dans leur Communauté, qu'elles ayent continué d'entretenir leur Confrairie, & le Service divin que l'on a accoustumé d'y faire; qu'elles ayent toûjours leurs Jurées, leurs apprentissages, leurs visites comme elles ont eu de tout temps immemorial, comme les ont les autres Communautez; elles ne peuvent neantmoins conserver les droits de leur Mestier, ny empescher les entreprises qui se font journellement par les Jardinieres, & autres personnes sans qualité sur leur Communauté, s'il ne leur est par Nous pourveu : Que pour cet effet elles ont fait ramasser les anciens Memoires de leurs Statuts, & suivant l'usage de la tradition de leur Communauté en ont fait composer de nouveaux; qu'elles Nous ont tres-humblement suplié leur vouloir accorder, & en ordonner l'execution : Et ayant esté informée qu'il y a tres-long temps que cette Communauté est établie dans nostre bonne Ville de Paris, qu'elles ont leur Confrairie establie en l'Eglise de Saint Leufroy où elles ont de coustume de faire dire tous les Dimanches une Messe pour nostre prosperité, qu'elles ont toûjours continué de faire tous les ans élection des Jurées, de recevoir des Maistresses, & de faire des Apprentisses; qu'il ne seroit pas juste que la perte de leurs Statuts, qui est plus excusable à des personnes, la pluspart tres-pauvres, & toutes tres-ignorantes des affaires, causast la ruine de la Communauté, & ostât à celles qui la composent le moyen juste, & jurant degagner leur vie, & de faire subsister leurs familles; ayant mesme consideré que l'Art des Bouquetieres Chapelieres en Fleurs fournit un ornement tres-agreable & tres-innocent aux personnes de Condition, & souvent mesme sert à de pieux usages de la Religion, estant employé pour parer des Autels & les Eglises, & qu'il est de l'interest public & de nostre gloire, de conserver tous les Corps des Mestiers anciennement establis, & leur donner moyen de se soûtenir dans les veritables regles de la justice & de leur establissement. A CES CAUSES, & autres bonnes considerations, de l'avis de nostre Conseil, qui a veu lesdits Statuts & Ordonnances, contenant vingt un Articles, l'Arrest de nostre Conseil par lequel nous les avons renvoyez à nôtre Lieutenant General de Police, & à nos Procureurs aux Châtelets, pour avoir leurs avis sur iceux, & lesdits avis par eux donnez contenant leurs declarations, que lesdits Statuts ne contiennent rien qui soit contraire aux Reglemens de Police & au bien Public, le tout attaché sous le contre seel de nostre Chancelerie, & de nostre grace speciale, pleine puissance & authorité Royale, Nous avons lesdits Statuts cy-attachés, approuvés, confirmés & homologués, & par ces presentes, signés de nostre main, approuvons, confirmons & homologons: Voulons & nous plaist, qu'ils soient executés de point en point, selon leur forme & teneur; faisons deffences à toutes personnes de les y troubler, ny d'entreprendre sur les droits, privileges, & falcultez accordés ausdites Maistresses Bouquetieres, par lesd. Statuts, sous les peines y portées: SI DONNONS en mandement à nos Amez & Faux Conseilles, les gens tenans nostre Cour de Parlement, Prevost de Paris, ou son Lieutenant General de Police, & autres qu'il appartiendra, que ces presentes ils fassent publier & registrer, & icelles garder & observer selon leur forme & teneur, & lesdites Maistresses Bouquetieres joüir & user pleinement & paisiblement desdits Statuts à toûjours & perpetuellement; CAR tel est nostre plaisir. DONNÉ à Versailles le vingt un jour d'Aoust l'an de grace mil six cens soixante & dix-sept, & de nostre regne le trente-cinquiéme. Signé, LOUIS.

Et sur le reply, par le Roy, COLBERT.

Visa, DALIGRE, *Confirmation des Statuts pour les Bouquequetieres de Paris. Signés, COLBERT.*

Registrées, oüy & ce consentant le Procureur Général du Roy, pour joüir par les Impetrantes & celles qui leur succederont de leur effet & contenu, & estre executés selon leur forme & teneur, suivant l'Arrest de ce jour. A Paris le 21. Janvier 1678. Signé, JACQUES.

Registrées au Greffe de la Police des Châtelets de Paris, suivant la Sentence renduë par Mr le Lieutenant de Police le 15. Fevrier 1678. Signé, SAGOT.

Registrées au Greffe de la Chambre de Monsieur le Procureur du Roy au Chastelet de Paris, suivant la Sentence de luy renduë ce jourd'huy. Fait ce 31. Mars 1678. Signé, SOUBZAR.

ATOUS ceux qui ces presentes Lettres verront, Achlles de Harlay, Chevalier, Conseiller du Roy en tous ses Conseils, d'Estat & Privé, son Procureur General, & Garde de la Ville, Prevosté & Vicomté de Paris, le Siege Vacant; SALUT. Sçavoir faisons, que veu la Requeste à nous presentée par les Jurées de la Communauté des Maîtresses Bouquetieres-Chapelieres en Fleurs de cette Ville de Paris, contenant, qu'ayant obtenu Lettres Patentes de sa Majesté, données à Versailles le 21. Aoust 1677. Portant approbation & confirmation des Statuts & Ordonnances faites pour ladite Communauté, lesdites Lettres adressantes à la Cour de Parlement, Arrest seroit intervenu le 21. Janvier ensuivant, qui en auroit ordonné l'enregistrement au Greffe de ladite Cour, pour estre lesdites Lettres Patentes executées & jouïr par lesdites Impetrantes, & celles qui leur succederont en ladite Communauté, de l'effet & contenu d'icelles, selon leur forme & teneur, pourquoy Nous ont requis lesdites Jurées par ladite Requête, qu'il Nous plût pareillement ordonner l'enregistrement desdites Lettres en nôtre Greffe, pour leur execution; ensemble desdits Statuts. Veu aussi lesdits Statuts, contenant vingt un Articles, au bas desquels est l'enregistrement qui en a esté fait au Greffe de la Cour le vingt-un dudit mois de Janvier dernier, & les Lettres Patentes cy-dessus dattées, signées LOUIS, & sur le reply, par le Roy COLBERT, & scellées du grand Sceau de cire verte, sur lacs de soye rouge & verte, au bas desquels est aussi l'enregistrement qui en a esté fait au Greffe de ladite Cour le mesme jour; Ensemble l'Arrest de ladite Cour, aussi cy-dessus datté, qui a ordonné ledit enregistrement: tout veu. Nous ayant égard à ladite Requeste, & conformément aux Conclusions du Procureur du Roy, auquel le tout a esté communiqué; Ordonnons que lesdits Statuts, Lettres Patentes & Arrest, seront registrez au Greffe, pour estre executez & jouir par les Impetrantes, & celles qui leur succederont en ladite Communauté de l'effet & contenu d'icelles, selon leur forme & teneur; En temoin dequoy Nous avons fait sceller ces presentes. Ce fut fait & donné par Messire Gabriel Nicolas de la Reynie, Chevalier, Conseiller du Roy en tous ses Conseils d'Estat

& Privé, Maître des Requestes ordinaire de son Hostel, & Lieutenant General de Police de ladite Ville, Prevoste & Vicomté de Paris, le quinziéme Fevrier mil six cens soixante & dix-huit.

Collationné. Signé, SAGOT.

EXTRAIT DES REGISTRES DU GREFE de la Chambre de Monsieur le Procureur du Roy.

VEU la Requeste à Nous presentée par les Jurées de la Communauté des Maîtresses Bouquetieres-Chapelieres en Fleurs de cette Ville de Paris, contenant qu'ayant obtenu Lettres Patentes de Sa Majesté, données à Versailles le vingt-un Aoust mil six cens soixantes dix-sept, portant approbation & confirmation des Statuts & Ordonnances faites pour ladite Communauté, lesdites Lettres adressantes à la Cour de Parlement, Arrest seroit intervenu le vingt-un Janvier ensuivant, qui en auroit ordonné l'enregistrement au Greffe de ladite Cour, pour estre lesdites Lettres Patentes executées, & jouyr par lesdites Impetrantes, & celles qui leur succederont en ladite Communauté, de l'effet & contenu d'icelles, selon leur forme & teneur, lesquelles Lettres, ensemble lesdits Statuts auroient esté pareillement registrés au Greffe de Police du Chastelet, par Sentence du quinze Février mil six cens soixante dix-huit, pourquoy nous ont requis lesdites Jurées, par ladite Requeste, qu'il nous plût pareillement ordonner l'enregistrement desdites Lettres ; Ensemble desdits Statuts en nôtre Greffe, pour leur execution, ensemble desdits Statuts : Veu aussi lesdits Statuts, contenant vingt-un Article, au bas desquels est l'enregistrement qui en a esté fait au Greffe de la Cour & de Police, les vingt-un Janvier & quinze Février dernier, & les Lettres Patentes cy-dessus dattées, signées LOUIS, & sur le reply, par le Roy, COLBERT, & scellées du grand Sceau de cire verte, sur les lacs de soye rouge & verte, au bas desquelles est aussi l'enregistrement qui en a esté fait au Greffe de la Cour & de Police, lesdits jours vingt-un Janvier & quinze Février ; Ensemble l'Arrest de ladite Cour & Sentence de Police, qui ont ordonné l'enregistrement, desdits jours ; le tout veu : Nous ayant égard à ladite Requeste, Ordonnons que les Statuts, Lettres Patentes & Arrest, seront registrez au Greffe, pour estre executez, & jouyr par les Imperrantes, & celles qui leur succederont, de l'effet & contenu en icelles, selon leur forme & teneur. Fait & donné par Nous Claude Robert, Conseiller du Roy en ses Conseils, & son Procureur au Chastelet de Paris, premier Juge, Conservateur des Corps des Marchands, Arts, & Métiers, Maîtrises & Jurandes de la Ville & Faux-bourgs de Paris, le trente-un Mars mil six cens soixante dix-huit. Signé, SOUBZAR.

Sentence de Monsieur le Lieutenant Général de Police.

SUR le Raport à Nous fait à l'Audience de Police par Maistre Toussain Socquar, Conseiller du Roy, Commissaire en cette Cour, & Ancien Commissaire du Quartier saint Jacques de la Boucherie, Qu'au préjudice des Ordonnances & Reglemens de Police, par lesquels il est expressement défendu à toutes Revendeuses publiques de s'attrouper en aucuns lieux de cette Ville, & à tous Artisans ou Manouvriers de travailler ny faire aucun commerce les Dimanches & les Festes ; plusieurs femmes & filles, sans qualité, sous pretexte de vendre des Fleurs & des Bouquets, s'attroupent les Festes & Dimanches au bout du Pont Nostre-Dame, sur les Quais Neuf & de Gévres, sur le Pont au Change & en d'autres lieux de cette Ville, où elles attirent des Soldats & des Vagabons qui insultent les passans, causent des querelles, donnent lieu aux Filoux & Coupeurs de Bourses de s'y arrester & d'y commettre plusieurs vols, & troublent la tranquilité publique par leur attroupement : Que sur les plaintes qu'il en a reçû il s'est transporté sur les lieux & a fait assigner les nommées Marie le Roy, la petite Soldat, Marie Hebert, Michelle Fauconnier, Charlotte Badroy, Canapsa,

Pisson, la saint Paul, Jacqueline de la Bassere, la Jasserin, Marie la [illegible] & ses deux filles, à comparoir ce jourd'huy pardevant Nous pour répondre au present Raport: Surquoy Nous aprés avoir ouy ledit Commissaire & les Gens du Roy en leurs Conclusions: FAISONS tres-expresses inhibitions & défenses à toutes Revendeuses publiques & autres personnes de s'attrouper sur lesdits Ponts & Quays, ny aux environs & prés les portes des Eglises ou autres lieux de cette Ville, sous pretexte d'y exposer en vente des Fleurs ou Bouquets, ny pour quelques causes que ce soit, à peine de cinquante livres d'amende pour la premiere fois, & du Fouet en cas de recidive: Défendons à tous Soldats & Vagabons de s'y arrester & d'y causer aucune querelles ou autres desordres, sous les peines portées par les Reglemens; & pour la faute cemmise par les susnommées, les condamnons chacune en trois livres d'amende, avec défenses de recidiver sous plus grande peine; Mondons aux Commissaires du Chastelet de tenir la main à l'execution de la presente Ordonnance, qui sera executée nonobstant oppositions ou appellations quelconques & sans préjudice d'icelles, leuë, publiée & affichée aux lieux & endroits accoûtumez, à ce qu'aucun n'en ignore. Ce fut fait & donné par Messire MARC-RENE' DE VOYER, DE PAULMY, D'ARGENSON, Chevalier Conseiller du Roy en ses Conseils, Maistre des Requestes ordinaire de son Hôtel, & Lieutenant General de Police de la Ville, Prevosté & Vicomté de Paris, le neuviéme jour d'Aoust mil six cens quatre-vingt-dix huit.

Signé, DE VOYER D'ARGENSON.

TAUXIER J. Greffier.

A PARIS,

De l'Imprimerie de la V. H. LAMBIN, ruë de Petit Pont, vis-à-vis la ruë de la Huchette.

M. DC. LXXXXVIII.

www.ingramcontent.com/pod-product-compliance
Lightning Source LLC
LaVergne TN
LVHW050520160826
845677LV00004B/1240
* 9 7 8 2 3 2 9 6 3 4 6 8 5 *